कविता-संग्रह

कवि का शहर

कवि का शहर

राकेश मिश्र

राधाकृष्ण प्रकाशन

ISBN : 978-81-19092-62-8

कवि का शहर

पहला संस्करण : 2023

मूल्य : ₹495

प्रकाशक
राधाकृष्ण प्रकाशन प्राइवेट लिमिटेड
जी-17, जगतपुरी, दिल्ली-110 051
शाखाएँ : अशोक राजपथ, साइंस कॉलेज के सामने, पटना-800 006
पहली मंजिल, दरबारी बिल्डिंग, महात्मा गांधी मार्ग, प्रयागराज-211 001
1, अनमोल सोराबजी संतुक लेन, धोबी तलाव, मरीन लाइंस, मुम्बई-400 002
वेबसाइट : www.radhakrishnaprakashan.com
ई-मेल : info@radhakrishnaprakashan.com

मुद्रक
बी.के. ऑफसेट
नवीन शाहदरा-110 032

KAVI KA SHAHAR
Poems by Rakesh Mishra

कवि का शहर

क्रम

दुख

देह हो या
धरती
जितना खोदो
उतना दुख है।

बहनें

कोई अकेली तस्वीर नहीं होती है
बहनों की उनके मायके में
दीवाल पर सजी हुई

सामूहिक चित्रों में उपस्थिति होती हैं
परिचयात्मक रूप से झाँकती

कोई अलग कमरा नहीं होता है
यहाँ वहाँ बनाई बिछाई जगहों में ही
रहकर लौट जाती हैं

अलग-अलग शहरों में बसते हुए
सींचती हैं परस्पर गर्भनाल

भाइयों को स्वप्न की पीठ पर लादे
पितरों की चिन्ता छाया से दूर
चलाती हैं गृहस्थी

दुनियाँ में कौन लौटता है
अकारण इतनी बार जितना
मायके में लौटती हैं बहनें।

चाहतें

हम कितना चाहते हैं
ख़ुद को बदलना दूसरों की तरह
दिन को सुबह रहने देना और
बरतना रात को शाम की तरह
नदियाँ चाहते हैं पहाड़ नहीं
झीलें चाहते हैं नाव के बिना
तारे जो बातें सुनें
तापहीन सूरज चाहते हैं
एक ज्ञात भविष्य और
पूर्व नियोजित वर्तमान के प्रार्थी हम
जीवन के पार जीवन और
जंगल के पार ज़मीनें चाहते हैं।

शर्त

अपनी शर्तों पर जिया जीवन
एक शर्त लगी जीवन की
एक दिन
मैं डूब गया।

कार्तिक : कुछ दृश्य

एक गाय देर तक देखती है
दूध के डब्बे लदे ट्रक को

एक घायल बछड़ा
बिना माँ-मालिक के
निरुद्देश्य भटकता है
दिन-रात

एक साँड़ अकसर बैठ जाता
सड़क के व्यस्ततम भाग में
धूप में सुर्ख़ लाल चमकता है
उसका जला पनछोह पृष्ठभाग

इस बरसात जन्मी मछलियाँ को
बड़ा होना है अभी

गोधूलि तक भूखे हैं बगुले
मिटने को है
पानी में परछाइयाँ

अलग-अलग हिस्सों में
भोगी जा रही देह

बदलती है अनवरत
प्राणों की रिहाइश

धान के खेतों से वापस लौटते
कटिया मज़दूरों के अनुमान में है
मजूरी का अग़ला दिन

किशोर शुकों की खिलखिलाहट से
टूटेगा ख़ाली खेतों का सन्नाटा

पाटों पर धान विलगाता सरकता है
सट्ट-सट्ट की आवाज के साथ

आषाढ़ में रोपे गए आम के बिरवों में
नव-पल्लव की प्रतीक्षा है

दिवाली से पहले
घरों के समीप बसने वाले उलूक जोड़े
जैसे खो गए हों
अनजान घने जंगलों में

गीली शरद रातें
पियराते दिन
धरती का मौसम
देवों के अनुकूल हो चला है।

सबूत

सारा शहर जानता है
गुनाह
मरने वाले का

हत्यारों की बेगुनाही
अख़बार के इश्तहारों में है

कुछ सिरफिरों ने नशे में
सुनाई मौत की सजा
एक शहरी को

एक होश में बैठा हाकिम
जाँचेगा
उनकी बेगुनाही के सबूत।

पूरा दिन

पूरा दिन बीता
ख़ुद से बाहर
देखते-बोलते-बतियाते-चिल्लाते

मन का शोर
शहर के गन्दे नाले की तरह
बजबजा कर बहना चाहता है

कुछ चेहरे दिखे
ख़ुद में खोए हुए
कुछ आवाज़ें खोई हुई
ख़ुद के बियाबान में

कुछ गहरी मुस्कानों वाली सूरतें
प्रत्युत्तर चाहती हों जैसे
ठिठकी रहीं देर तक

भूलना मुश्किल है
रक्तहीन ठंडी हथेलियों का स्पर्श

उपलब्धि हीन लौटा हूँ
शाम को घर

इससे तो अच्छा होता
सड़क किनारे सवारी की प्रतीक्षा में
सो गए रिक्शे वाले को जगाकर
बातें करते घर लौटता

मूँगफली के ठेले पर ठेकेदार की
प्रतीक्षा करते मज़दूर से
बाक़ी दिहाड़ी ही पूछ लेता

या अस्पताल के अहाते में
रात का ख़ाना पकाते तीमारदार से
पूछ लेता अगले दिन की दवा का हिसाब

इससे तो बहुत अच्छा होता
यदि किसी पागल से पूछ लेता
कैसी है दुनिया आजकल।

लड़ाइयाँ

तुम लड़ना
वह लड़ाइयाँ
जहाँ चुप रहते हैं लोग

सान्त्वनाओं में अहर्निश रोते हैं

उनके पास थोपा हुआ
असीम धैर्य होता है

उनकी जेब में होता है
उम्मीदों का घोषणा-पत्र

ना-उम्मीदी अपराध है

शाबाशियाँ मिलेंगी तुम्हें
हौसला अफ़जाई करेंगे
लोग पर लोग

चुप्पी उन्हें भी चुभती है

एक जुलूस सम्भव है
तुम्हारे लिए शहर में

एक शोक प्रस्ताव हो सकता है
छूटी लड़ाइयों का

लोग ललकारेंगे पागलों की तरह
आसमान में मुट्ठियाँ होंगी
उन सबकी

तुम्हारे क़िस्से
चाय की दुकानों पर चर्चित होंगे

ध्यान रखना
जब लहूलुहान होगा शरीर
धुँधली होगी रक्त से आच्छादित दृष्टि
तब केवल आवाज़ें होंगी
तुम्हारे आसपास

एक अन्तिम बार एकत्र होंगे लोग
शहर के चौक पर
बुझी मोमबत्तियाँ लिये हुए

सभी चुप होंगे

सिसकियों में रोते लोगों के
आँसुओं से गीले हो जाएँगे
उम्मीदों के सारे घोषणा-पत्र।

लोग

कई सारे लोग
मरने के काम पर हैं

सहते हैं ऊँच-नीच
छोड़ते हैं घर

डरते हैं
अपने ही घर में

लिखते हैं नाम रास्तों पर
खो जाने के भय से

गिनते रहते हैं तारे
धरती को भूलकर
कई सारे लोग।

ट्रेनें

ट्रेनें
एक भागता हुआ
घर होती हैं
जिनमें खिड़कियाँ ज़्यादा
दरवाज़े कम होते हैं
दृश्यावलियाँ ज़्यादा
हस्तक्षेप कम होता है
जिनमें
चर्चाएँ बैठी रहती हैं
निष्कर्ष उतर जाते हैं
अगले स्टेशन पर
ट्रेनें
आती-जाती हैं
बिना सुबह-शाम के
रुकती हैं
बेधड़क कहीं भी
कभी लुटेरे चढ़ जाते हैं
कभी लुट जाते हैं
ट्रेनों से उतरे हुए लोग
ट्रेनें
तानाशाह होती हैं
जिनकी हुकूमत चलती है

यात्राओं पर
ट्रेनों के डिब्बे
एक देश होते हैं
देश के भीतर।

प्रतिस्थापन

कभी ऐसा होने लगे
जब हँसने की जगह
रोना हो अभिप्रेत
जाने की जगह लौटना
तो शब्दों के प्रतिगामी होने से
क्या हो सकेगा?
ग़रीबी की जगह अमीरी
भूख की जगह सन्तुष्टि और
मृत्यु की जगह जीवन का
प्रतिस्थापन।

कड़कनाथ

मध्यप्रदेश में झाबुआ के
आदिवासी किसान के यहाँ से
800 रुपए में चलकर
इलाहाबाद में 1000 का हुआ
कड़कनाथ
फिर जगदीशपुर में 1200 रुपये का होकर
बड़ी गाड़ी में सवार हुआ और
एक सुहानी शाम
हाकिम के बँगले में मारा गया
कड़कनाथ
झाबुआ की याद
आँखों में लिये।

सीखना

जैसे ही निकला घर से
लोगों ने कहा
ये रास्ता ठीक नहीं
ज्यों ही कहनी चाही कोई बात
लोग नाराज़ होने लगे
कुछ लोग छोटे थे
मेरे सामान्य से क़द से भी
उन्होंने झुकाना चाहा सर्वदा
जीने का सलीका सिखाने वाले
खड़े थे हर रास्ते पर
मरने का तरीक़ा बताने वाला
शहर में कोई न था
कितना अजीब है
जीते रहना
जीवन का एक ही पक्ष
मृत्यु को कहाँ जिया जाता है
विष को कहाँ पिया जाता है
आत्महत्या करने वाले लोग
मृत्यु को जीना सीखते-सीखते
मर जाते है कई बार।

बिन्दी

स्नानागार में शीशे पर
तुम्हारी बिन्दी
प्रात शुरुआत है
शुभता की
दवा की डिब्बी पर
तुम्हारी बिन्दी
अमृत भाव है
मेरे जीवन में।

पुताई वाले लड़के

शहर के पाँच मंज़िला भवन पर
चढ़े हुए हैं
पुताई करने वाले लड़के
बाँस के चतुर्भुज ऊर्ध्व पुलों के सहारे

बाल्टी-भर पेंट और ब्रुश के साथ
दुबली-पतली देहयष्टि वाले
घुड़-दौड़ के पोनी की तरह
कम वजन की अनिवार्य शर्त के
अर्हता-धारक

पढ़े-लिखे हो सकते हैं
पर किसी ने पूछा नहीं
केवल दुबला होना काफ़ी है
पुताई मजदूर बनने के लिए

मोबाइल पर गाने सुन रहा है
पहली मंज़िल वाला लड़का
वह सुन सकता है
वहाँ ख़तरा कम है
गिरेगा तो बचने की उम्मीद है
इस उम्मीद को जीना चाहता है

तीसरी मंज़िल वाले लड़के का
मोबाइल बजता है
घर से फ़ोन है
चौथी मंज़िल वाले लड़के के लिए है

वह आवाज़ देकर सन्देश सुनाता है
दोनों हँस पड़ते हैं

अकसर बात करते रहते हैं
दूसरी और तीसरी मंज़िल वाले लड़के
दोनों एक ही गाँव से हैं और
परस्पर मज़िलों पर ही
पुताई करना चाहते हैं

पाँचवीं मंज़िल के लड़के ने
बाँध रखा है कमर को रस्सी से
छठी मंज़िल की खिड़की से

वह अवहेलना करता है
मृत्यु भय की
शाम की रोटी के लिए

घड़ी किसी के पास नहीं
पुताई के क्षेत्रफल से नापते हैं
समय

दोपहर में खाना खाते
मोबाइल में गेम खेलते हैं
फिर ठठा कर हँसते हुए
चढ़ने लगते हैं

अपनी-अपनी मंज़िल पर

मैं सोचता हूँ
पुताई ख़त्म होने के बाद
भवन के चाक-चिक्य को
निहारते होंगे क्या?
पुताई वाले लड़के

या हँसी-ठिठोली में ज़ाया हुए
समय के बदले
ठेकेदार द्वारा काटी गई दिहाड़ी से
उदास होकर सो जाते होंगे
अपने डेरों में।

जीवन

एक बार पुनः
अप्रतिम होता है
जीवन
मृत्यु के समीप
एक अन्तिम आकर्षण
एक चरम लालसा उपजाता है
जैसे मौक़ा चाहता हो मृत्यु से
माफ़ी माँगने की
अनुमति लेने की भी
उनसे जिन्हें छोड़कर जाना है
जीवन वापस चाहता है
सारी अवहेलनाएँ, अवज्ञाएँ, अन्याय
सुलझाना चाहता है
करबद्ध प्रेम से
सारे झगड़े
इन झगड़ों में अनजिया समय
मृत्यु एक निष्ठुर कुर्क अमीन जैसी
कर्तव्यबद्ध
अनसुना, अनदेखी करते हुए
बीते समय की चीत्कारों, प्रार्थनाओं को
आगे बढ़कर डूब जाती है
अन्धकार के अनन्त में

वहीं
जहाँ से शुरू हुआ था
जीवन।

बीमार-स्त्री

कोई स्त्री बीमार हो
आपके आस-पड़ोस
घर में
माँ, बेटी या प्रेमिका
तो विलुप्त हो जाता है
धरती से प्रेम
याद आते रहते हैं
बेटी का स्नेहासिक्त आलिंगन
माँ की गोंद और
प्रेमिका की प्रणयानुरक्त बातें
फिर आप सोचते हैं
कैसा होगा इन सभी का
बीमार उत्तरकाल
उतरोत्तर
स्त्री प्रेम करती है
सबसे
बीमार-स्त्री प्रेम करने लगती है
पूरी सृष्टि से
सहज ही।

फागुन

कितनी बातें करती है
हवा
फागुन में

खिड़की के बाहर
शीशम की पत्तियाँ
चटर-चटर करती हैं
फिर शान्त हो जाती हैं
सहसा

जैसे एक साथ
बतियाती-हँसती लड़कियाँ
असहज हों आसपास की
किसी अनचाही उपस्थिति से

खेतों में उतरते ही
सरसों की जड़ों के पास
छुप-छुप बहती हवा
समेट लेती है
ना जाने कितनी देह गन्ध
स्मृतियों में

तुम्हारे मिलन की आस जैसे
रंग
दूर हैं अभी

घर लौटने पर
बिस्तर,स्नानघर,अध्ययन कक्ष
सब भरे हैं
तुम्हारी अनुपस्थिति से

एक फागुन की हवा है
जो ले आएगी
तुम्हारी देह गन्ध
रंगों से पहले।

मदारी

बच्चा मदारी
छोटा मदारी
बड़ा मदारी

साँपों ने धरना दिया
मदारी नीतियों के विरुद्ध
मदारी खिलाता-पिलाता नहीं
तमाशे की रक़म डकार जाता है

बहुत कमजोर हो रहे
फ़न और फुफकार भूल रहे
मदारी की झोली में साँप

बच्चा मदारी ने बीन बजाई
साँपों का धरना ख़त्म नहीं हुआ

छोटे मदारी ने मंत्र के साथ बीन बजाई
साँपों का धरना चलता रहा

फिर बड़ा मदारी आया
उसने चुनाव की घोषणा की
वोट से परिवर्तन की बात कही

साँपों के लिए नये रहवास बनाने का
घोषणा-पत्र दिखाया
खाने को ज़ी एम चूहों के लिए
नई नीति का वादा किया

साँप खुश हुए
अगली पीढ़ियों की
मदारी के झोले से मुक्ति के
स्वप्न में सोये साँप उस रात
फिर कभी सुबह नहीं हुई।

युद्ध

एक आँसू
एक छत
एक महत्त्वाकांक्षा
कोई माप नहीं धरती पर
इन तीनों को साथ नापने की

जब तक हम
जान पाते
क्यों हुआ था पिछला युद्ध
उससे पहले ही शुरू हो जाता है
अगला युद्ध
पिछले अनगिन आँसुओं और
नष्ट हुई छतों के मलबे और
सामूहिक क़ब्रों पर ही
लड़ा जाता है
अगला युद्ध

युद्ध
असहाय मानवता के
नष्ट हुए दिनों का
मृत हिसाब है।

[यूक्रेन युद्ध]

फूल

फूल
कामनाएँ है
धरती की
असंख्य-अनगिन

जैसा कि होता है
कुँभलाना नियति है
अधिसंख्य की।

मछलियाँ

कार्तिक के पवित्र मास में
महकते धान के खेतों की
तलछट के काईदार पानी में
धान के पूँजों के आसपास
छिपने को बेतहाशा भागती
हरियर मछलियों को पकड़कर
गन्ने की पत्तियों पर ज़िन्दा भूनना
उनका उछलना बार-बार
फिर गिरना उसी आग में
भुनते जाना मरते-मरते
खुश खिलखिलाहट शिकार की
भुने जले मांस के पनियल स्वाद की
निराश स्मृति लिये
घर लौटना
फिर वर्षों बाद याद आना
जलती आग में
ज़िन्दा भुनती उछलती मछलियाँ
उनका पनियल स्वाद
और यह कि
कितना कम था उनका मांस
कितनी बड़ी थी तकलीफ़।

अगर

अगर आप नदी हैं तो
नहीं पता कितनी दूर है समुद्र

अगर प्रकाश हैं तो
अनजान हैं दूसरी तरफ़ के अँधेरे से

अगर अकेले हैं तो
आने वाले को नहीं जानते

अगर नींद हैं तो
स्वप्न आपके बस में नहीं

अगर सुबह हैं तो
होते रहना आपकी नियति है

और अगर सुन्दर हैं तो
कई पिंजड़े हैं आपके लिए।

बिल्लियाँ

जगह-जगह
रास्तों चौराहों पर
कुत्ते हैं
हाउ-हाउ करते
भागते-दौड़ते
नोचने-झपटने को तैयार
इसलिए दीवालों-छतों पर
कूदती-फाँदती
नज़रें बचाकर
दबे पाँव चलती हैं
बिल्लियाँ।

किसान

कितना मुश्किल है
किसान पर कविता लिखना
जैसे घायल का बयान लिखना
घाव का

धरती का परिधान होती हैं
किसान की फसलें
उनका बढ़ना, फूलना-फलना जैसे
बच्चों का बढ़ना धीरे-धीरे

पर बेरंग होती है
किसान की सर्जन प्रक्रिया

मिट्टी, गोबर और क़र्ज़ का रंग
धूसर-भदेस है
उदासी के सारे रंग हैं
किसान के जीवन में

सर पर बढ़िया पगड़ी
बदन पर अंगरखा
हाथ में लाठी और मूँछें
मेरे किसान की नहीं हैं

पूस की ठंडी रातों में
गेहूँ के फसल की सिंचाई
जेठ की पछुआ बयार में मड़ाई
मेरा किसान है

दर्द से ज़्यादा बर्दाश्त है
नियति जिसकी
मूल से ज़्यादा सूद है
क़िस्मत में
दर्द नहीं दिखता
उसके चेहरे पर
दर्द का चेहरा
स्वयं किसान है

खेती पुश्तैनी घाटा थी
जिसे भरता रहा है
पीढ़ी-दर-पीढ़ी
अपनी देह गलाकर

फ़र्क़ नहीं होता पेट और पीठ में
अलग-अलग अंगों में
पहचानी जाती है
किसान की देह

सड़कें, शहर, उद्योग
बनते गए
किसान बदहाल होता गया
ज़मीनें गईं तो
बेकार होता गया

मर्ज और मुक़दमा रह गए
उसके पास

उत्सव सरीखा है
वस्त्र और भोजन उसके लिए
इलाज ईश्वरीय नेमत

हरहँगी हलवाहे
फसल का हर्जाना
वसूल करते थे
खेत के चूहों से

दुखहरन के हेंगा पर
उनकी बाँस से पतली टाँगों को
पकड़ कर बैठना पड़ता था
वजन के लिए

परसादी चौधरी
किसान थे मेरे गाँव के
होली पर ओढ़ लेते थे
नया वस्त्र
सिलवाने की बजाय
जिन्होंने मरते समय
अपने बेटे परसोतम से कहा
उन्हें तभी फूँका जाए जब
गेहूँ की फसल अच्छी हो।

कुत्ता-1 : निराशा

दोनों कान खड़े हैं
नब्बे अंश पर उसके
जैसे कोई सन्देश
टपकने वाला हो आसमान से
सीधा उसके कानों में
चाट के खोखे के पास
दोने में कुछ खा-बतिया रहे
दो जनों के हर बार
हिलते हाथों की दिशा में
घूमता है उसका सिर
अगले पैरों पर चौकन्ना
ऊपर देखता हुआ
जैसे उछलने वाला हो
कुछ लपकने के लिए
बीच-बीच में ज़मीन पर देख लेता
जैसे कुछ गिर न गया हो
उसकी नज़रें बचाकर
कभी सूँघ-चाट आता है
आसपास फेंके जाते
चाट के दोने
भोजन के अंश मात्र की
प्रत्याशा में उकड़ूँ बैठे

सड़क के कुत्ते की
निराशा से बड़ी नहीं है
मेरी निराशा।

कुत्ता-2 : कुतिया

इस साल भी
छः बच्चे जनने वाली
कुतिया
ठीक दो बजे आती है
रोटी-दूध के लिए
प्रतीक्षा करती है
घर के बाहर
चुपचाप
बस इतनी है
उसकी उम्मीद
मानवता से।

चुप्पियाँ

चुप्पियाँ
गूँगी थीं सदा से

नहीं बोलने की आदत
धीमे से छीन लेती है
सुनने की शक्ति भी

चुप्पियाँ
राज करती हैं
गूँगे-बहरेपन की ताक़त से

अभी हाल ही में
दुनियाँ के कुछ बड़े लोगों ने
विस्तारित किया है
चुप का साम्राज्य

चुप्पी की सम्पूर्णता के लिए
बन्द करना होगा कुछ भी देखना

अब दुनिया के उन्हीं लोगों को
नहीं दिखते
हवाई जहाज़ के पीछे भागते

लटकने की कोशिश करते
जहाज़ के डैनों पर सवार होकर
देश छोड़ने पर आमादा
डरे हुए लोग

जब बहुत अनिश्चित हो
डर की अगली सुबह
वह तुरन्त मर जाना चाहता है

शायद इसलिए दौड़ रहा है
रनवे पर हवाई जहाज़ों के आगे

इन सब भागते-मरते लोगों में
स्त्रियाँ और बच्चे भी होंगे ही
कहीं-न-कहीं

जब सब तरफ़ बन्दूकें हैं तो
शव भी होंगे ही
कहीं-न-कहीं!

[अफ़ग़ानिस्तान से अमेरिकन सेना की वापसी]

बैल

ट्रैक्टर से जीतना था
जीवन के बदले
हर रोज़ पुट्ठों और पीठ पर
पैनों की मार
कभी दाहिने कभी बाएँ की जोत
उसे बैल का जीवन मिला
काम करते-करते हगना
शुक्राणु-शून्य जीवन
मुँह में जाबी
अपनी ही उगाई फसल पर
मुँह ना मार सकने की व्यथा
साथ रहनी थी हमेशा।

शब्द

कभी ऐसा होने लगे
जब हँसने की जगह
रोना हो अभिप्रेत
जाने की जगह लौटना
तो शब्दों के प्रतिगामी होने से
क्या हो सकेगा
ग़रीबी की जगह अमीरी
भूख की जगह सन्तुष्टि और
मृत्यु की जगह जीवन का
प्रतिस्थापन।

ताड़

ताड़ के सबसे कोमल हिस्से पर
ताड़ छत्र के ठीक नीचे
गर्दन पर
तेज धार छुरे से घाव करता है
मद्य-संग्राहक
छीलता है रोज़
एक महीन परत देह की
मधु-रस के अजस्र स्राव के लिए
ताड़ की पथराई देह पर
गिने जा सकते हैं
चढ़ते-उतरते रस्सियों के निशान
ओर-छोर तक
वैसे ही रिसती है कविता
मेरे होने से अहर्निश
वक्त रोज़ करता है घाव
मेरे सबसे कोमल हिस्से पर
सूखता जाता हूँ मैं
अनवरत रक्तस्राव से
रक्त-बूँदों से रिसता है
कविता का एक-एक अक्षर
कोई भी ग़िन सकता है
मेरे घावों और कविताओं को

मेरी देह पर
मेरी किताबों में
जब कभी थमेगा
ताड़ से मधु-रस-स्राव और
मेरे होने से कविता-प्रवाह
तब सूख चुके होंगे हम
एक पथरीले खोल के भीतर
हमारा अन्त हो चुका होगा
मर चुके होंगे हम।

प्रेम

प्रेम में
देह नहीं थी
भाव था
तुम नहीं थीं
मैं था
घर नहीं था
देहरी थी
आँखें नहीं थीं
स्वप्न थे
खिड़की नहीं थी
आसमान था
पक्षी नहीं थे
पंख थे केवल
प्रेम में।

आम-1

आम्र-ऋतु से विलग
मैंने अनेक बार
आम की पत्तियों और डंठल को
सूँघ-चबा कर
महसूस किया है
आम का रस-गन्ध-स्वाद

देवों को हवनाग्नि हेतु
वांछित है
आम्र-काष्ठ

आम जैसे होते हैं
कुछ लोग
फलदार नहीं होने पर
चबा-जला दिए जाते हैं
ऋतु-हीन समय में।

आम-2

जब से टिकोरे आए
अहाते के आम पर
तभी से लगभग रोज़ जाता रहा
आम के आसपास
किसी बहाने से

गिनता देखता
निहारता उनका कैशोर्य
टिकोरों का आम होना
कोयलासी होना
किसी-किसी का

फिर पक्षियों की चोंच से
अधखाए आमों के
पकने का अनुमान लगाता

फिर एक दिन पके आमों की
टोकरी थी खाने की मेज़ पर
ख़ूब खाए सुगन्धित मीठे आम

फिर जाना नहीं हुआ कुछ दिन
आम के पास

एक दिन पहुँचा तो
खोजता रहा
फुनगियों पर बचे आम

मुझे देखते ही
ख़ूब ठठा कर हँसा
आम का पेड़
जैसे प्रतिदान की चुनौती दे रहा हो

मैं सोचता रहा कई दिन
क्या लौटाऊँ!
आम के पेड़ को

उसके हिस्से की धरती
उसी की है
पक्षी स्वयं आते हैं
उसके पास
आसमान
मैं दे नहीं सकता
पानी वही उत्पन्न करता है

फिर कैसे लौटाऊँ
उसका दिया हुआ!

मन भागने लगा था
उसकी निकटता से
मुझे उत्तर की तलाश थी
कहीं भीतर

एक दिन प्रतिध्वनि आई

मरना होगा
मृत्यु ही सम्भव करेगी
प्रतिदान

मैंने आम के पेड़ को
बाँह-भर
धीरे से कहा
मरूँगा एक दिन
करूँगा प्रतिदान!

संकट

क्या कभी सोचा है
जो जितना सुन्दर है
उतने ही संकट हैं
उसके आसपास
आसानी से पहचानी-पकड़ी जाती हैं
दुनियाँ की सुन्दर वस्तुएँ
क्रूरतम हिंसा की साक्षी बनती हैं
मानवता के कई दुःस्वप्न
सुन्दर आँखों की गहराइयों में देखे गए
दुनियाँ की सुन्दर जगहों पर ही
साफ़ किए गए हैं
रक्त के सर्वाधिक निशान
हमेशा ठगी जानी है
पारदर्शी निश्छलता
बहुत मुश्किल है दुनियाँ में
शिशु की तरह जीना
भोर की चिड़ियों की चहचहाहट में
दिन के संकटों की आहट होती है
दिन की धूप में छुपा होता
रात का काला रंग
ठीक वैसे ही छुपा होता है
विनयी-सर्वोदयी नेता के भीतर

गहरी साँसें भरता
जीभ लपलपाता अजगर
सब कुछ निगल जाने की टोह में।

खाया-अघाया

कोई नहीं बोलता
बिना खाए
ज़्यादा खा लेता है
जब कभी तो
अघाया दिखता है
और फिर
कुछ नहीं बोलता है।

कविता

कुछ लोग साथ रहे
लम्बे समय तक
कविता न हुई उनसे
कुछ लोग सहसा आए
और कविता बन गए।

माँ

मैं माँ को हमेशा
खेलते-कूदते देखना चाहता हूँ
लाल छींट के सलवार कुर्ते में
आली-फाली खेलती माँ
मेरे पैदा होने के बाद
मुझे कमर पर बैठा कर
ननिहाल के सालाना मेले में
सखियों संग गाँव के सिवान के
बागों में निर्विघ्न-निर्द्वन्द्व घूमती माँ
गाँव के घर की छत पर तारों को
इशारे कर गीत गाती
मुझे घुग्घू मामा खेलाती माँ
मैं कविताएँ लिखता हूँ
जानती है माँ
पर कभी पूछा नहीं
कितनी कविताएँ लिखी उस पर
कविताओं में कोई रुचि नहीं उसकी
पर मेरी किताबें दिखाती है
घर आने वालों को
उनसे पढ़वाती है
मेरी कोई-न-कोई कविता
खुश होती है

मुझे देखते ही जुड़ा जाती है जैसे
अब जब वह भूलने लगी है खुद को
अनाम होने लगे हैं तमाम चेहरे
जो उसके जीवन का हिस्सा थे
वह भूलने लगी है सम्बन्धों को
जो उसी से जन्मे हैं
कैसा लगता है
सब कुछ भूलते हुए जीना
उसके भावहीन चेहरे से पता चलता है
भक्त-भगवान के रिश्ते
पूजा-घर
सभी भूल रहे हैं उसको
हाथ जोड़ती है
जब कभी पूछता हूँ
ईश्वर के बारे में
पर मुझे पता है
कोई रूप नहीं है उसके मन में
एक शून्यता है
उसकी आँखों में
मुस्कान-हीन है उसका चेहरा
केवल दर्द बचा है उसमें
कुछ भी नहीं होने का
कहीं नहीं होने का
सब कुछ भूलकर भी
ना जाने कैसे
मेरे घर लौटने के बारे में
पूछती है सहसा मुझसे
मेरे बचपन का नाम लेकर
जिसे उसने रखा था मेरे पैदा होते ही
जिसके बाद उस नाम की माँ

हो गया उसका नाम
तब क्षण मात्र को
कहीं अतीत में
लौटता है उसका अस्तित्व
मैं जानता हूँ
जिस महीने बीमार हुई माँ
उसी महीने सारे बच्चे
मिलने आए और चले गए
अपने काम के शहरों को
कोई दो दिन तो कोई दो घंटे में
मैंने देखा मेरे घर आने पर
साफ़ धुले वस्त्रों में तैयार थे
माँ-पिता
जैसे मेहमान आने पर होते हैं
भोजन को बहुत महँगी सब्ज़ियाँ
लाए थे पिता
मैं भी निकल गया भोजनोपरान्त
माँ सँभाल नहीं सकी
मोह का आरोह-अवरोह
सहज स्नेह और ममता का ज्वार
उतरा तो स्मृतियाँ ले गया उसकी
अब होकर भी नहीं है
सारी मोह-ममता समेट कर
खुद के भीतर समाकर
केवल देह रह गई माँ
कब लौट सकेगी? कोई नहीं जानता
कभी-कभी घर के पीछे के स्कूल में
भोजनावकाश में खेलती लड़कियों को
ध्यान से देखता हूँ
इस उम्मीद से कि

इन्हीं लड़कियों में कभी
आली-फाली खेलती मिलेगी माँ
लाल छींट के सलवार-कुर्ते में।

क़िस्मत

खेतों की मेड़ पर
नरम घास चरती
बकरियों से अलग नहीं
क़िस्मत किसी की
बस एक बाज़ार चाहिए।

भूख

लोग पैसे सहेज रहे हैं
पैसे बना-बढ़ा रहे हैं
उचित-अनुचित

पर कवि को पैसे नहीं चाहिए
कवि को थोड़ी भूख चाहिए
चैतन्यता में जीने के लिए

खाया-अघाया आदमी
कवि नहीं हो सकता

जिसे नहीं सताती
भूख की असुरक्षा
भूख की चिन्ता

वह कवि नहीं हो सकता
भूख कविता की अनिवार्य शर्त है।

बकरा

ढलती शाम और आसन्न रात्रि के
सन्धि स्थल के आसपास
हरी दूब चरते बकरे को
नहीं मिलती रसोई में पिसते
मसाले की गन्ध
कुछ पल शेष हैं
बधिक के आने में
तब तक थोड़ी और
गहरी हो जाएगी रात
देखना है
बकरे की आहार नली से
फूटने वाले रक्त की लालिमा
काढ़ पाती है कितने
लाल बेल-बूटे
रात की काली चूनर में।

बरसात : एक दृश्य

पानी बरसा तो
भुट्टे वाले की आँच बुझ गई
उपरिगामी पुल के नीचे
सो रहे सड़क के कुत्तों को
दुरदुराया
कई दोपहिया वालों ने
स्कूल से लौटती-भीगती लड़कियाँ
रुकी नहीं कहीं भी
घर पहुँचने तक
मैंने देखने की कोशिश की
अपनी दृष्टि गड़ाकर
बादल की आँखों से
झर-झर बहता पानी
गीली हवाओं के आर्द्र चुम्बन
हर ओर थे मेरी देह पर
विस्मृति-सा भटका हुआ मन
भूल गया वो वस्तुएँ
जिन्हें बचाना था
भीगने से।

पानी

पानी से डरना नहीं
वह तो खुद ही टँगा है
आसमान में

किनारे डूब जाते हैं
लहरों में कई बार
पर बने रहते हैं वहीं

पानी से निपटना हो तो
साँस लम्बी होनी चाहिए

अकसर चप्पू मारते लोग
दिशा नहीं तय करते
यात्रा की

पानी ठहरेगा नहीं
बहेगा
रिसेगा
नहीं तो उड़ जाएगा।

बोनसाई

बोनसाई
जैसे कच्ची उम्र में
ब्याह दी गई हों
बेटियाँ
जैसे बौनी नस्लों ने
गढ़ लिये हों
सौन्दर्य के नये प्रतिमान
जैसे कोई
रूठ गया हो
अपने आसमान से
जैसे जगह नहीं बची
पेड़ों के लिए
जैसे अपंग हो गई हो
हमारी दृष्टि।

चेहरा

कोई एक चेहरा हो
आदमी का धरती पर
सबकी ओर से
इतने सारे चेहरों में
आदमी नज़र नहीं आता।

प्यार में

प्यार में लड़कियाँ
पारदर्शी जल में मछलियाँ
दोनों के पास
जगह नहीं होती
छुपने की
कोई भी पकड़ सकता है
आसानी से
प्यार में सारी दुनिया
पारदर्शी हो जाती है।

उम्मीदें

जगह-जगह
घूमती हैं
उम्मीदें
साथ में
देह भी रहती है।

बच्चों के कमरे

बेतरतीब होते हैं
बढ़ते बच्चों के कमरे
बिखरे सौन्दर्य के साथ
बढ़ते बच्चों के साथ ही
उनके कमरे भी
बड़े होते जाते हैं
संकोच में।

अन्त्येष्टि

मेरे बाबा को फूँका गया
गाँव के बाग से सटे खेत में
महीनों तक चिता की राख के पास
हाथ जोड़ कर बैठे रहते मेरे अबोध पिता
सुदर्शन बाबा की उँगलियों को पकड़ कर
आम के बाग में जाना और पके आमों पर
झटहा चलाना याद रहा केवल
वयोवृद्ध नाना का केवल पाँव देख पाया था
अस्पताल से अन्तिम विदा के समय
नानी का मरना बाद में जान पाया
बड़का बाबूजी मरे तो पचखा था
पेड़ पर रख दिया था मृत शरीर
बड़ी पंचायत के बाद हुआ दाह-संस्कार
छोटे बाबूजी के मरने में भरपूर सहयोग किया
उनकी पेंशन के लिए लड़ते भाइयों ने
बड़की माई कैंसर के कोमा में थी दो माह
आजीवन दमा था चाची को
निमोनिया से मरे शिशु भतीजे को तो
फेंक दिया था पूस की ठंडी घाघरा में
काँपते बीतीं अगली कई रातें
ठंडे पानी को सोचकर
छोटी बहन को हरिश्चन्द्र घाट ले गए

लाल चूनर और सिन्दूर में
रोता रहा जलती चिता के पास गंगा किनारे
रोते का चुप होना रोते-रोते
जानते हैं लोग
वृद्ध माँ-पिता को दवा देते हुए
आता है अन्त्येष्टि का विचार
क्या तैयारियाँ होंगी
कौन-कौन लोग आएँगे इत्यादि
जबकि स्वस्थ पिता ने बताया था
एक रात बात करते-करते सहसा
गाँव में बाबा के दाह-स्थल के पास ही
फूँका जाए उन्हें
जहाँ हाथ जोड़कर वे बैठे रहते बचपन में
तब कोई उठाने वाला नहीं था गोद में उन्हें
उस अनुपलब्ध गोद में बैठना चाहते हैं पिता
मरने के बाद कदाचित
माँ का काशी तय है
मरने के लिए काशी बसना चाहती थीं
कभी अपने बच्चों की ओर से
अपनी भिन्न-भिन्न अन्त्येष्टियों को सोचता हूँ
क्या रहेगा सहूलियत भरा उनके लिए
मैं ज़्यादा भारी तो नहीं!
कहाँ ले जाएँगे
मणिकर्णिका, स्फटिक शिला या निकट के वैकुंठ धाम
बुढ़ापा दुबला होता है
90 किलो से ऊपर के पिता 70 के बचे हैं
45 किलो से कम की बची हैं माँ
साहस नहीं मन में सोचने का
अपने से आगे की अन्त्येष्टियों को
मेरे बच्चों के बच्चे और उनके माँ-पिता

जीवन अन्त्येष्टियों से भरा लगता है
कितनी सारी भावनात्मक-वैचारिक अन्त्येष्टियों के बाद
सम्पन्न होती है शारीरिक अन्त्येष्टि
अन्त्येष्टियों में शामिल होने की बारी जोहते
पेड़ों के दुख का भी ख़याल आता है
घाट के डोम और पंडित की दक्षिणा का सोचकर
यह समझना मुश्किल नहीं कि अन्त्येष्टि
धार्मिक से ज़्यादा आर्थिक क्रिया है।

शोक-1

कैसे तुम
कैसे हम

एक आवरण है
गहन शोक का
चारो तरफ़

जल रही देह
सिर-पैर की तरफ़ से

हृदय लबालब है
अभी प्रेम से

पूरी प्रकाशित हैं
अपूर्णताएँ
स्वर्ण मुख चेहरे पर

सब कुछ अगोपन है
प्राणहीन देह में

कहना-सुनना पूरा जीवन
फिर भी जैसे छूट गया हो

कितना कुछ अनकहा अनकिया

नदी के जल में तैरता है
एक दारुण गरु विक्षोभ

अस्ताचलगामी सूर्य ने
समेट लिया आज का काम

मुझे भी लौटना है
प्रतीक्षारत शोक के लिए।

शोक-2

तुम चले गए
द्वन्द्व क्षितिज के पार
मेरी पलक झपकते ही चट से
हड्डी टूटने की आवाज होती है
हवा में झूल जाती है भारी देह
मैं बदहवास टटोलता हूँ
गर्दन और वक्ष
खोल कर झटके से फेंकता हूँ
गर्दन पर कसी गाँठ
एक साँप रेंगता है अँधेरे में
पता नहीं जा रहा अथवा आ रहा
थकान की समझ ही कितनी होती है
बॉडी बैग आ चुका है
लोग आने लगे हैं
विदा देने इतनी जल्दी।

शोक-3

मेरे सामने ही हवा हो गई
कहानियों में रची-बसी लड़की
सूखा नहीं था अभी
जेब का गुलाब
लबालब था स्नेह
अन्तिम ताप से गुजरना था
केवल देह को
अग्नि को थामते हैं
वक्ष और श्रोणि मेखलायें
पर सबसे पहले उड़ते हैं पैर
फिर कपालक्रिया
चिता की अधजली लकड़ियों से भी
कमजोर साबित हुई
गुलाबी लड़की।

शोक-4

एक जान हूँ
ख़ुद की देह में
अच्छा नहीं लगता कभी-कभी
रहना देह में
अच्छे नहीं लगते
लोग जो जुड़े हैं
देह से
अच्छे नहीं लगते
मजबूरियाँ-बीमारियाँ और सुख
प्रतीक्षा और शामें
उबाऊ हैं यहाँ
अपेक्षाएँ और इनकार
मारक हैं
बर्दाश्त के बाहर हैं
दिनचर्या के व्यतिक्रम
पराधीन देह में स्वाधीन मन
आख़िर कब तक
निकलना होगा यहाँ से
अभी इसी वक्त
देखो!कितना आसान है
जीने की ज़िद छोड़ना
खो जाना

कहीं नहीं में
हो जाना
कोई नहीं।

तेरहवीं

सभी उपस्थित थे
उस एक अनुपस्थित की याद में
जो मौजूद नहीं है
पिछले बारह दिनों से

चला गया
कहाँ गया क़ोई नहीं पूछता

अनुपस्थित की खोज नहीं होता है
तेरहवीं का विषय
अनुपस्थित का शोक होता है

सहसा प्रकटित जीवन के
अवसान की चर्चा की व्यर्थता को
समझते हैं लोग

एक असहज वर्तमान प्रस्तुत रहता है

रह-रह कर प्रस्फुटित होते
लय-हीन समवेत रुदन में
बिखरी आवाज़ें ही बची होती हैं
सूखे आँसुओं और

बेहिसाब हिचकियों में रोते हैं
आधे-अधूरे रह गए लोग
तेरहवीं में।

मृत्यु-2

मृत्यु के
अचिह्न ओर-छोर में
हर बिन्दु पर
मृत्यु ही होती है
ऐसे में याद करना
किसी मरे हुए को
मृत्यु का ही
यशोगान होता है
मृत्यु का थोड़ा-सा भाग
हमारे हिस्से में आता है
लगभग उतना ही
मृत अतीत
पुनः प्रस्तुत होता है
हमारी यादों में।

दर्द

ख़ूब दर्द आए जीवन में
समय-समय पर
कभी सुबह कभी शाम
कभी दिन कभी रात

कभी मन कभी शरीर पर

अलग-अलग वय-सन्धियों पर
अलग रूपों में
दर्द का आगमन हुआ

कभी भूख कभी अभाव
कभी उपेक्षा कभी अपमान
कभी रोग कभी शोक के रूप में

प्रेम ने दिए
दर्द के सर्वाधिक रंग-रूप

सभ्यता ने दर्द को
कुचलने
कुन्द करने
भूल जाने

सँभालने के भी
अनगिन उपाय रखे सिरहाने

दर्द को कभी नहीं मिली
उसकी वाजिब जगह

दर्द को पीना-जीना सीखने को
नहीं बना कोई स्कूल
कोई गुरु

ख़ुशियों को पाने-उपजाने के
बहुविध तरीक़े भी
दर्द को दूर रखने के
उपाय-भर थे

दर्द की पहचान खोती गई
सम्मान खोता गया

दर्द के खोते ही
खो गईं
सारी ख़ुशियाँ।

रज्जन सर : महामारी-1

रज्जन सर
यही नाम जानता रहा वर्षों से
छोटे, मोटे, आधे गंजे
और शर्ट की बटन तोड़ते पेट वाले
अपनी पुरानी वेस्पा स्कूटर पर बैठे हुए
भरी दोपहरी में स्कूल का गेट निहारते
अपने एकलौते प्यारे गोलू-मोलू बेटे के लिए
कभी नहीं देखते इधर-उधर
कितनी बार मैं अपनी गाड़ी में बैठा उन्हें देखता
और सोचता कि पेड़ की छाया में क्यूँ नहीं
खड़े होते रज्जन सर!
मेरी बेटी को बायआलॉजी की ट्युशन पढ़ाते थे
मैंने उन्हें पढ़ाते कितनी बार देखा होगा
एक-एक फ़ैक्ट याद था उन्हें
याद करा देते थे पूरी बायआलॉजी
उन्हीं के पढ़ाने से डॉक्टर हुई मेरी बेटी
कितने सारे डॉक्टर देश-विदेश में हैं
रज्जन सर के पढ़ाए हुए
उनके ड्राइंग रूम व अध्ययन कक्ष में
कितनी सारी तस्वीरें हैं डॉक्टर बने बच्चों की
मेरी बेटी बताती थी
पढ़ने में बहुत तेज है रज्जन सर का बेटा

इधर बच्चे बड़े हो गए और छूट गए रज्जन सर
नहीं पता उनका बेटा डॉक्टर हुआ या नहीं
फिर कभी नहीं मिले रज्जन सर मुझसे
कहीं खो गए बाक़ी ट्युशन टीचर्स की तरह
फिर अप्रैल महीने में कोरोना की खबरें ही
ज़रिया बन गईं कई पुरानी जान-पहचानों के
फिर से नया होने अथवा पुनः खो जाने की
इतने लोग फ़ोन करते तो या तो कोई मर गया होता है
अथवा ऑक्सीजन सिलेंडर या वेंटिलेटर बेड के लिए
रज्जन सर का तो कोई फ़ोन भी नहीं आया
जबकि वह अपने पढ़ाए हर बच्चे की पूरी खबर रखते थे
रोज़ फ़ेसबुक और अख़बार भरे रहते हैं मृत्यु की खबरों से
जैसे बहुत कम जगह बची हो जीवन और मृत्यु के बीच
रज्जन सर तो कहीं थे ही नहीं मेरी चेतना के आसपास कि
अचानक फ़िज़िक्स सर का फ़ोन आया एक दिन
मैंने सोचा कि नहीं उठाऊँ, मदद तो हो नहीं पाएगी
पर डरते हुए कॉल रीसीव की, उन्होंने कुछ नहीं माँगा
अपना डर साझा करने को फोन किया था
कहा कि वो ठीक हैं और डर के मारे पढ़ाना छोड़ दिया है
बात ख़त्म होते-होते रज्जन सर उपस्थित हो गए
एक मृत्यु-खबर के रूप में
पहले रज्जन सर और उनके छः दिन बाद उनका होनहार बेटा
उनकी पत्नी को तो पता ही नहीं कैसे और कहाँ हुआ
अन्तिम संस्कार
अथवा हुआ भी की नहीं
रज्जन सर और उनका बेटा दोनों मरे
एक-दूसरे की नाजानकारी में
अलग-अलग अस्पतालों में
तो उन्होंने फ़ोन क्यों नहीं किया?
कितने नामी डॉक्टर हैं महानगर के कोने-कोने में

उनके पढ़ाए हुए
क्या पता किया हो फ़ोन! दौड़े हों बेटे को बचाने के लिए!
पर कोई खबर अख़बार में नहीं! क्यों?
मैंने गूगल किया तो वहाँ भी नहीं रज्जन सर!
तो क्या रज्जन सर कहीं हैं ही नहीं!!!
क्या पहले से ही हम सब नहीं थे रज्जन सर के लिए!
आख़िर ऐसा कैसे हो सकता है कि शहर के अनेक डॉक्टरों को पढ़ाने वाला ट्युशन टीचर मर गया गुमनाम!
अथवा दूसरे बच्चों के सपनों को मज़बूती देने वाले रज्जन सर
खुद जीने लगे थे बिना सपनों के?
कैसे देखेंगे उनकी गुमनाम मौत को उनके पढ़ाए इतने डॉक्टर!
महामारी में मैं कुछ समझ नहीं पा रहा
मुझे तो सिर्फ़ यह सोचते रहना हैं कि मैं ज़िन्दा हूँ
और मुझे जीवित रहना है।

[कोविड दूसरा चरण, अप्रैल, 2021]

मरीज़

प्रजातांत्रिक देशों में
किसी का भी नाम लेने की छूट होती है
कोसने की पूरी छूट होती है
लोग ट्रैफ़िक के सिपाही से लेकर ईश्वर तक को
भरपूर कोसते हैं
स्वाधीनता स्व-विमुख करती है सबसे पहले
ऐसे में लगातार संक्रमित होते-मरते चिकित्सक क्या चीज़ हैं
दो सप्ताह की लगातार कोविड वार्ड की
कई चक्रों की ड्यूटी के बाद
संक्रमण से उबर कर फिर वही ड्यूटी करने वाले चिकित्सक
किसी अन्तरिक्ष यात्री के सूट जैसे पीपीई किट में
अवस्थित देह को
ना तो भूख-प्यास लगती ना ही प्रसाधन की तलब
पसीने से पाँव के जूते-मोज़े तक चुहचुहाती देह
मानव नहीं होती आठ घंटे
अपने ही अस्पताल की आई सी यू में
बिना ऑक्सीजन के मरते चिकित्सक
अपने नियमित मरीज़ों को घर तक जाकर
इलाज करते चिकित्सक
लगातार संक्रमित मरीज़ों की जाँच करते चिकित्साकर्मी
सरकार का जरूरी काम-काज निपटाते कर्मचारी
ऑक्सीजन मास्क में हाँफते मरीज़ों और शमशान की चिताओं के समक्ष

कहीं नहीं ठहरते
इसका ज़िक्र बहुत कम है कि संक्रमण से
एक विशेषज्ञ चिकित्सक के मरने से
हज़ारों अन्य मरीज़ों का इलाज रुक जाता है
अपंग हो जाता है मेडिकल कालेज का एक पूरा विभाग
जिसने महामारी की सूचना दी सबसे पहले और मर गया
वह चिकित्सक ही था
मर गए वे लोग जो दिन-रात कमियाँ उजागर करते थे
मरता आदमी वोटर लिस्ट से नाम ख़ारिज होने से नहीं डरता
बेकार है उसके सामने संसाधनों का रोना-धोना
वह भी मरता है जो बहुत डरता है मरने से और वह भी जिसने सुनी है मौत की आहट बहुत पहले और बताते हुए मरा कि
वह जा रहा है
ऑक्सीजन की कमी से मरता आदमी
धीरे-धीरे संज्ञा शून्य होता है
संज्ञा शून्यता धीरे-धीरे ही घेरती है उनको भी
जो विनय मुद्रा में हाथ और
आराम मुद्रा में पैरों को बाँधकर
बॉडी बैगों में विसंक्रमित करते हैं मुर्दा शरीर
लावारिस लाशों से ना तो दक्षिणा पाता है महापात्र न ही गरुण पुराण कहता है कोई उनके लिए
बचे हुए लोग किसी दिन ज़रूर आएँगे प्रमाण-पत्र लेने
मुर्दा घाटों पर
अभी वो दूसरे घरों से लावारिस मरने वालों का
आँकड़ा एकत्र कर रहे हैं
उन्हें आने वाले समय की फ़िक्र है
जब कहीं से कोई आवाज़ उठेगी
अभी से जवाब तैयार कर रहे हैं लोग
बाद में मनमाफ़िक तथ्य ना मिले तो!
संगठित हो रहे हैं

मुर्दों को लावारिस छोड़ कर भागने वाले लोग
शहर के अस्पताल भी संगठित हो रहे हैं
लावारिस मुर्दों के वारिसों से वसूलने हेतु पिलाई गई ऑक्सीजन की क़ीमत
अरबों में बढ़ी चिकित्सा कम्पनियों और अस्पतालों की सकल पूँजी और
नगदी का अनुपात सर्वोच्च स्तर पर है
केवल मुनाफ़ा ही है आगे
ऐसे में कौन गिनता है कितने मरीज़ मरे और कितने डॉक्टर?
और कितनों को हासिल ही नहीं हुआ मरीज़ का दर्जा।

[कोविड दूसरा चरण, अप्रैल, 2021]

आशाएँ

कोलतार की नदी हो चुकी हैं सड़कें
जिसमें साँसें डूब रही हैं
आने-जाने वालों की

उखड़ती साँसों से हुई
हवा की भारी बचत को
जमा करने में लगे हैं लोग

ऑक्सीजन सिलिंडरों से लीक हुई हवा
आँधी की शक्ल ले लेती है अब तब
उखाड़ देती है कई छायादार पेड़

हमेशा साफ़ रहता है आसमान
कोई गन्दा नहीं करता इसे
बीमार पड़े हैं घर के सारे बच्चे

बेहिसाब चमकते तारों को गिनने वाले
भर्ती हैं अस्पतालों में

रातों में कुर्सी पर ऊँघता हुआ सिग्नल मैन
भूल जाता है समय-समय पर ग्रीन सिग्नल
और अटकी रह जाती हैं साँसें आउटर पर ही

बेआवाज़ होती हैं उखड़ती साँसें

रोचक नहीं रहा मुर्दा शरीरों को गिनना
इलाज से आसान लगती है मृत्यु
बीमार से अन्यमनस्क परिचारक
अपनी ड्यूटी समाप्त देखना चाहते हैं

आशाएँ फिर लौटेंगी धरती पर
सब कुछ ठीक होने के बाद!

[कोविड दूसरा चरण, अप्रैल, 2021]

साँस

हौंकने-भर साँस चाहिए होती है
हर डूबने वाले को

बार-बार हाथ-पैर मारकर
पानी की सतह से ऊपर आते ही
कितना देख पाता है जगत
डूबता हुआ आदमी

मछुआरे के जाल में आते ही अथवा
बंशी से जल के बाहर झटके से खींची गई
मछलियों की देह
साँस के लिए उछलती-गिरती है कई बार

महामारी में हर क्षण छीजते फेफड़े
खींचते हैं प्राण वायु दम-भर
पर रसोइयों के हाथ में तलवार होती है
खो जाती है हवा अन्दर ही कहीं देह में

शहर में सलीके से लिपे-पुते चौड़े मार्ग
लील गए सालों-साल पुराने छायादार पेड़
महल सदृश्य घरों के बोनसाई बगीचों में
अन्तिम साँस ले रहे हैं देशी-विदेशी पौधे

हवा से ऑक्सीजन सोखने की मशीनें
धनिकों का नया व्यापार हैं
सभी को नहीं मारती महामारी

नया नहीं मुर्दा शरीरों से व्यापार
आदमी के लिए

जीने को पर्याप्त ऑक्सीजन नहीं
लकड़ी नहीं जलाने को मुर्दा देह
जेठ-वैशाख की मरइल नदी
कहाँ तक ढोएगी मृत शरीरों का बोझ

इतने पर भी नाराज़ नहीं प्रकृति
जल्दी आएगा मानसून इस साल
पुनर्यौवना होगी नदी और
पानी में बह जाएँगे सारे गुनाह!

[कोविड दूसरा चरण, अप्रैल, 2021]

लड़ाई

कुछ लड़ते-लड़ते गए
सघन चिकित्सा कक्षों में महीनों तक
कुछ बात करते-करते गए अपनों के सामने
ख़त्म होते ही प्राण वायु

कई गए प्रिय की बाँहों में
कइयों को ज़िन्दा रखने की कोशिश में
मुँह से साँस देते रहे परिजन

कुछ में प्रतीक्षा ही रहा अन्तिम भाव

उपेक्षा का दंश लिये गए कई
कइयों को पंचभूत होना पड़ा अकेले
कुछ भूल गए अन्त्येष्टि स्थल का पता
बीमारी के असर से

जिनको नहीं लड़ना था
वे कूद गए छत से जाँच के बिना

जो बच गए हैं
उन्हें लड़ना है भय और अकेलेपन से
अनवरत।

[कोविड दूसरा चरण, मई, 2021]

गिरवी

पहले वह सोख लेगा
हवा की सारी ऑक्सीजन
फिर भारी बेचैनियों और जद्दोजहद के बीच
वापस करेगा सिलिंडर-भर ऑक्सीजन
इस तरह गिरवी होंगी साँसें किश्तों में।

[कोविड दूसरा चरण, मई, 2021]

धन्धा

किसने सोचा था
पानी बेचना
फ़ायदे का धन्धा होगा
और अपेय हो जाएँगे
सारे जलस्रोत
एक दिन
पर अब मैं जानता हूँ
शहर को बेतहाशा
गाड़ियाँ बेचने वाले लोग ही
धन्धा करेंगे
शुद्ध हवा का
और जगह-जगह
बेची जाएगी शुद्धता की
गारंटी वाली हवा
वैध-अवैध तरीक़े से।

बारिश

बारिश आने वाली है
स्मृतियाँ उल्लसित हैं
टप-टप ध्वनियों से
मन में चल रहा है
आगवानियों का पूर्वाभ्यास
हर बार रूठता है
बारिश का पाहुन
मनाता हूँ
उतनी हो बारिश जितना
बाजरे के गोफे में भरा रहे जल
जिससे पंकिल न हो
किसान की देह
साधु की भिक्षा-भर
भरे हों कोठार वर्ष-पर्यन्त
जिससे पंक्तिहीन बुझे
पशुओं की प्यास
थनों में बना रहे दूध
नदियों में अविस्थापित रहें
जलचर-शमशान
जंगल में बची रहे
सूखी धरती और छाँव
भर सके धरती

अपने रिक्त जल कोश
बना रहे
आँख का पानी
उतनी हो बारिश
इस साल।

मृत्यु का देवता

मृत्यु दाव लिये खड़ी थी
देवता के रूप में

मेरे जैसे कइयों के गले में
तनी हुई थीं रस्सियाँ
सधी हुई
गर्दनों के बोझ से

वार तय था

उल्लास में था देवता
कोई नहीं था
मृत्यु और उल्लास के बीच

ख़ुशियाँ कोमल होती हैं
बिखर सकती हैं
एक असफल वार से

जब दिन हँसी का हो
तब चीख़ों को चाहिए
कोई और दिन

जब रक्त नालियों में हो
तब पानी केवल धुलता है
रक्त के निशान

कोई फ़र्क़ नहीं पड़ता
मृत्यु के देवता को
क्या बहता है
और कितना बहता है

खून हो या पानी।

भविष्य

कुछ का निश्चित है
स्वर्णिम भविष्य
कुछ का बचा नहीं
शेष अनजान हैं
भविष्य से।

कवि का शहर

कुछ भी नहीं था
कवि के शहर में
कवि का
एक सूखी उदास नदी थी
जिसके यौवन के गीत
गाए थे कवि ने
एक टूटा-सूना रास्ता था
जो कवि के गुजरने का मार्ग था
कविताओं के क़ाफ़िले संग
रात को आने वाली ट्रेनों के रुकने को
दिन में निर्जन सुनसान रेलवे स्टेशन था
जिनसे उतरे मुसाफ़िर
कितनी रातों को सो गए
कवि के बरामदे में चुपचाप
बिना बताए
ताकि टूटे नहीं
कवि की सपनीली नींद
एक दुकान थी दवा की
जहाँ कवि हर शाम
देखता था
कविता के मरीज़
कहते हैं

उसकी किताबें-पांडुलिपियाँ
ठेलों पर ले गए
रद्दी बेचने वाले
उसकी कविताओं के उधड़े पृष्ठ
उड़ते रहते हैं रात-बिरात
जिन्हें लूटने को
लम्बी लग्गियाँ लिये
भटकते रहते हैं
कविता-प्रेमी
कवि के शहर में।

[बाँदा में कवि केदारनाथ अग्रवाल की स्मृति]

उदासी

कितनी बार उदास हुआ हूँ
स्त्रियों को देख कर
याद नहीं

उदासी में बेसब्री का रंग भरती
शामों की सही संख्या भी
बदल जाती है
बार-बार

किसी के मन की विपरीत
बातों से उपजी उदासियाँ भी
अनगिन हैं

उदासी ख़ुशी की अनुपस्थिति है
तो साधु और विधवा
दोनों उदास हैं।

आज रात

आज रात करवटों में दर्द नहीं
आज रात सपनों पर संकट है।
आज रात बादल हैं तारों तक
आज रात रोशनी पर संकट है
आज रात मन भी कहीं डूब रहा
आज रात हस्ती पर संकट है
आज रात राह कहीं खो गई है
आज रात मंज़िल पर संकट है
आज रात मुझको पुकारे न कोई
आज रात दोस्ती पर संकट है
आज रात घर से निकलना होगा
आज रात धरती पर संकट है।

निहारने दो

मुझे निहारने दो
जंगल और उसके ऊपर का आकाश
मुझे अंक में भरना है
खेतों की मेड़ पर टहलते
सारस जोड़े को
उस चौकन्ने कान वाले
पूँछ उठाकर रम्भाते बछड़े के
गले लगना है मुझे
मुझे प्रतीक्षा करने दो
जंगल से लौटने वाली हवा का
जो सुबह से निकली है
सूरज किरणों से मिलने
जंगल बीचोबीच।

कौए की पसन्द

कौए की पसन्द नहीं
सूखी डाल
हरियाली ख़त्म हो रही है
कल देर रात
रम्भाती गाय और उसके पीछे साँड़
हाईवे पर ट्रक से घायल हो गए
साँड़ की पीड़ा में घास के मैदान थे
गाय चुप रही पूरी रात
तन-मन के घावों को भोगती
एक असहज स्थिति के शिकार थे दोनों
क्यों घूमना है जंगलों में सबको
जंगली जीवों में ऐसा क्या है
जो आप में नहीं
गर्मियों में
खेतों की प्यास बुझा रहा है
मछलियों के हिस्से का पानी
पानी का कारोबार आ रहा
गाँवों की ओर
बरसाती गुलों और अल्पिकाओं में
बधशालाओं का जमा हुआ रक्त है
खुरों को मिट्टी नसीब नहीं
चकाचक रोशनी है पशुशालाओं में

पेड़ों के ऊपर जलती है बत्तियाँ
सारी रात
सृजन के लिए ज़रूरी अँधेरा भी
कमतर है
घरों में वाहवाही के सबब हैं
गौरेयों के कृत्रिम घर
जले हुए खेत हर फ़सली पोतते हैं
धरती के मुख पर कालिख।

कितने दिन हुए

कितने दिन हुए
किसी छप्पर उठाने को
हाथ दिए
समवेत स्वर में
किसी हमउम्र को पीठ पर लाद कर
भागे हुए सरपट

कोई कोरस गाए हुए

कितने दिन हुए
सिर चढ़ाए हुए
बनिहार के बोझ को
कुएँ पर कूँड़ से नहाए हुए
आँधिओं में आम बीने हुए
कितने दिन हुए!

इक्का

बोरों से लदा हुआ इक्का
चाबुक के साथ सन्तुलन साधता
इक्कावान
सड़क पर दौड़ते घोड़े की खट-खट
खट-खट की संगीतमय ध्वनि में
मेरा ध्यान बार-बार घोड़े की नाल में
ठुकी कीलों पर जाता है
इस बात पर भी कि
कितना ज़ोर पड़ता है
घोड़े के घुटनों पर
कदम-दर-कदम
लय-ताल में
शाबाशी देता रहता है
इक्कावान
घोड़े के पीठ और पुट्ठे पर
चाबुक की नरम सटासट से
घोड़े की आँखों पर लगे
दृश्य रोधक पर्दे
दूरी को भ्रम बना देते हैं
घोड़ा भागता रहता है
ललकार के साथ
रास के खींचे जाने तक।

उदासी

कितनी बार उदास हुआ हूँ
स्त्रियों को देख कर
याद नहीं

उदासी में बेसब्री का रंग भरती
शामों की सही संख्या भी
बदल जाती है
बार-बार

किसी के मन की विपरीत
बातों से उपजी उदासियाँ भी
अनगिन हैं

उदासी
ख़ुशी की अनुपस्थिति है तो
साधु और विधवा
दोनों उदास हैं।

फाँसी

मैं चाहता हूँ
फाँसी से पहले
मर जाए जल्लाद
टूट जाए रस्सी
पहुँच न सके मजिस्ट्रेट
समय पर
पर मन में विश्वास-सा है
कभी मरे नहीं जल्लाद
न रस्सी टूटी कभी
समय के पाबन्द होते हैं
मजिस्ट्रेट
आततायियों की व्यवस्था कभी
इतनी कमजोर नहीं होती।